PARIS. — IMP. SIMON RAÇON ET COMP., RUE D'ERFURTH, 1.

LOGEMENTS MODÈLES

SYSTÈME NOUVEAU

POUR

L'AMÉLIORATION

DES

HABITATIONS OUVRIÈRES

Proposé au Gouvernement Français

PAR

GEORGE CLARK

« Dix millions seront employés à améliorer les
» logements des ouvriers dans les grandes
» villes manufacturières. »

(Décret du 22 Janvier 1852.)

PARIS

IMPRIMERIE CENTRALE DE NAPOLÉON CHAIX ET C°,

RUE BERGÈRE, 20.

1855

LES HABITATIONS

DES

CLASSES OUVRIÈRES EN FRANCE

NOUVEAU SYSTÈME

DE

LOGEMENTS GARNIS POUR CÉLIBATAIRES

A PARIS

PROPOSÉ AU GOUVERNEMENT FRANÇAIS

PAR

GEORGE CLARK

PARIS

IMPRIMERIE CENTRALE DE NAPOLÉON CHAIX ET Cⁱᵉ,
RUE BERGÈRE, 20.

1854

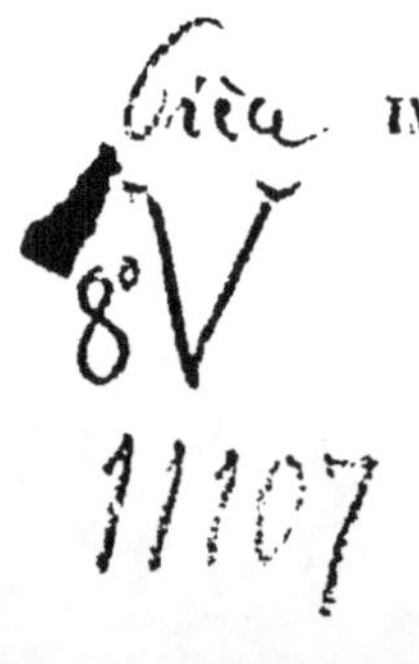

LES HABITATIONS

DES

CLASSES OUVRIÈRES

EN FRANCE

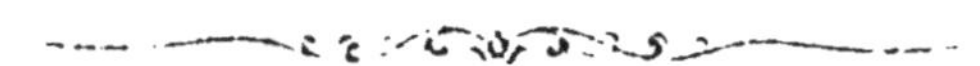

Les circonstances ayant mis l'auteur à même de donner son concours à l'amélioration des demeures des classes ouvrières en France, il dut considérer ce sujet au point de vue économique, n'oubliant pas toutefois le placement sûr et avantageux du capital.

L'intérêt qu'il porte, depuis nombre d'années déjà, au bien-être des classes ouvrières, l'a conduit à s'enquérir des plans proposés pour améliorer leur condition et à les examiner. Parmi ces plans, la création des habitations ouvrières modèles n'a été ni le moins intéressant ni le moins important.

Les progrès généralement lents, le fréquent insuccès, et, jusqu'à un certain point, le peu de résultats des meilleures mesures parmi celles dont on vient de parler, montrent que ce qu'on peut appeler un principe *vivifiant* et *se supportant lui-même* n'a pas été activement développé.

La philanthropie est surtout un pouvoir d'impulsion, mais

dans la vie de chaque jour elle est peu efficace, si elle ne s'allie au système commercial ou reproductif. La philanthropie est pour le progrès social ce que le courage est pour la vie militaire. Elle stimule et soutient; mais elle ne peut faire de conquête durable sur l'ennemi qu'elle combat qu'à la condition d'être aidée par la discipline et.l'argent.

Il vaut mieux dire de suite que l'amélioration des habitations ouvrières, moyennant le placement productif du capital, est la base des plans et des propositions exposés dans les pages suivantes. Cependant, on cherche à obtenir ce résultat non en augmentant les loyers ni même en les maintenant à leur taux actuel, sous prétexte d'accorder au locataire des commodités plus grandes, mais, au contraire, en louant des logements perfectionnés à prix réduits, et en arrivant à ce but au moyen de modes économiques de distribution, d'aménagement et d'administration des logements.

Et pour cela, l'association philanthropique est un pas fait dans la vraie direction; elle fait honneur à ses premiers promoteurs, et nul doute qu'elle ne soit destinée à apporter à la condition sociale de la population des travailleurs un grand et avantageux changement.

Mais jusqu'à présent quels ont été en Angleterre ses résultats pratiques? A-t-on suivi d'une manière large l'exemple noble et purement philanthropique des premiers fondateurs? Le succès qu'ils espéraient et qu'ils méritaient a-t-il couronné leurs patients et pénibles travaux? Ou plutôt n'a-t-il pas fallu les plus courageux efforts, les démarches les plus incessantes, pour obtenir ces souscriptions qui, par la voie de l'exemple, ont fait tant de bien, quoique dans des limites restreintes? La position financière et le pénible développement des sociétés pour améliorer les habitations des classes pauvres répondent à ces questions.

Enfin, ne peut-on pas dire qu'on a trop compté sur le principe philanthropique, qu'on n'a pas eu assez en vue un but commercial? La philanthropie, il est vrai, a produit ce grand bien, qu'une fondation solide est posée, que des données certaines ont été réunies, qui prouvent que le capital peut être sûrement placé dans l'entreprise des bâtiments en question, et qu'une nouvelle ère est ouverte pour développer sur une grande échelle, d'une manière avantageuse à la fois au propriétaire et au locataire, les vues des premiers promoteurs.

Des observations faites à Londres, et ayant principalement en vue les logements des célibataires, ont suggéré ces remarques. Leur application pratique est sur le point d'être faite en France, dans des circonstances favorables ; leur but est donc d'expliquer pourquoi le projet, réellement bienfaisant, de réaliser dans ce pays un grand bien social est traité ici *hautement* et *formellement* comme une question d'argent.

Un des premiers actes du pouvoir de Louis-Napoléon fut un décret affectant 10,000,000 fr. comme subvention ou fonds de secours pour l'amélioration des logements d'ouvriers. Cette loi était restée longtemps sans effet quand l'auteur fut assez heureux pour diriger l'attention du Gouvernement de l'Empereur vers l'exécution pratique de ses intentions bienfaisantes, et d'en recevoir des instructions pour s'enquérir de la condition des garnis dans Paris, ainsi que dans d'autres villes de France, et d'en faire un rapport. Des relations, dont les documents qui suivent montrent le caractère, ont ainsi été établies, et des propositions soumises au Gouvernement pour l'établissement de logements d'ouvriers perfectionnés moyennant une subvention jusqu'à concurrence d'un tiers de la dépense, ont été accueillies avec bienveillance par l'administration.

Suivant les désirs de l'Empereur, qui porte un grand intérêt à tout ce qui touche au bien-être des classes ouvrières, l'aide de la subvention a deux buts principaux : d'abord, l'introduction dans les constructions aussi bien que dans l'aménagement domestique et sanitaire de toute amélioration connue et praticable, ensuite la réduction des loyers payés par les locataires.

Le don d'une part aussi grande de la dépense totale, c'est-à-dire une réduction d'un tiers sur les prix de revient, permettra d'atteindre facilement les buts proposés, et servira en même temps de garantie pour un bon rendement du capital placé sur les deux autres tiers, car il permettra de louer à des prix rémunérateurs quoique réduits, et alors les logements devenus plus commodes, dont le loyer sera également moins cher, seront constamment occupés.

Le Gouvernement impérial, comprenant bien toutes les difficultés qu'il y aurait à surmonter au commencement, et regardant la question sous un point de vue libéral, a franchement admis que les entreprises proposées, pour être conduites sur une grande échelle, devaient rémunérer convenablement le capital. Il considère avec raison que par la dépense d'une somme aussi forte que 30 millions de francs, c'est-à-dire un capital souscrit de 20 millions ajoutés à la subvention de 10 millions, employés à pourvoir les classes laborieuses de logements sains et à bon marché, le stimulant et l'exemple étant donnés, les entreprises particulières continueront le mouvement, et que l'expérience, amenant l'économie, produira plus tard un bénéfice tel que pour de futures opérations il deviendra inutile de faire appel à l'aide de la subvention.

Il faut remarquer ici que l'intervention du Gouvernement dans l'établissement des bâtiments subventionnés se borne à la surveillance des travaux, ayant pour but d'assurer l'exacte exécution des plans approuvés par l'administration, et aux mesures de garantie pour l'application de la subvention, aux termes du décret du 22 janvier 1852. L'exploitation est une opération commerciale entièrement à la charge et sous la direction des propriétaires; cependant, dans l'intérêt des ouvriers mêmes, l'autorité s'est réservé d'approuver les règlements et de surveiller leur exécution en ce qui regarde la propreté, l'ordre et la salubrité ainsi que les prix de location.

Déjà plusieurs habitations perfectionnées pour les classes ouvrières se sont élevées à Paris avec le secours de la subvention de l'État. Au début d'une entreprise toute nouvelle où l'expérience manquait, des difficultés se sont présentées. Pour la construction et les commodités des logements qu'on doit louer meublées aux célibataires, on avait cru bien faire en prenant pour modèles les logements garnis de Londres ; mais une connaissance plus intime des exigences et des habitudes des ouvriers français et des études plus approfondies ont démontré que le système d'aménagement et d'administration qui réussit à Londres ne peut réussir à Paris ; de là la nécessité de modifier ces établissements avant de les livrer à l'exploitation.

Cependant, indépendamment des particularités nationales et locales, et ayant toujours en vue la question économique du bénéfice sur l'entreprise, l'auteur a porté son attention généralement à la fois sur les moyens de réduire le capital déboursé ainsi que les charges annuelles, et d'accroître le revenu. Pour atteindre ce double but, après avoir étudié les habitations ouvrières de différents pays, il a formé et soumis au Gouvernement, le projet *d'un nouveau système de logements garnis.* C'est ce qu'exposent, et jusqu'à un certain point, c'est ce qu'expliquent les documents qui suivent ; mais il ne sera peut-être pas sans intérêt, comme applicable à la France aussi bien qu'à l'Angleterre, d'entrer ici dans une exposition plus détaillée du système nouveau dont il s'agit.

Avant d'entrer en matière, il convient de dire un mot sur les fautes involontaires des concessionnaires fondateurs des premiers garnis subventionnés destinés à loger des célibataires à Paris. Dans l'idée que cela diminuerait les frais proportionnels pour les escaliers et les autres parties principales de la construction, et admettrait par conséquent des arrangements économiques pour l'inspection et l'exploitation, ils furent conduits à les construire assez vastes pour y loger plusieurs centaines d'ouvriers. L'autorité, consultée, fut alors de la même opinion, mais l'expérience et les recherches subséquentes ont prouvé que tout le monde s'était trompé. Il est évident maintenant que des établissements de logements garnis montés sur une si grande échelle, avec une inspection correspondante, impliquent nécessairement *une grande perte d'espace improductif*. L'effet de ce résultat sur la diminution du revenu est remarquable. Évidemment si on louait l'espace improductif et qu'il devînt une source de revenu, en supposant que les dépenses restassent les mêmes, le loyer accru serait un gain clair, et si on réduisait les dépenses, le bénéfice qui en résulterait deviendrait un nouveau gain. Atteindre ces deux objets, c'était là la question à résoudre.

Pour rendre cette pensée bien claire, appliquons les observations qui précèdent aux garnis modèles pour célibataires à Londres, où on a déployé un grand luxe de cuisines et de salles, pour fournir aux locataires les moyens de préparer leurs repas et faire euxmêmes leurs ménages. On peut en déduire ce qui suit :

1° Ces établissements sont administrés chacun par un gardien ayant des serviteurs sous ses ordres.

2° Toutes ces personnes logent dans la maison et occupent une certaine quantité d'espace logeable qui ne produit rien.

3° Tous reçoivent des salaires qui sont une charge pour le revenu.

4° L'espace occupé par les cuisines, les salles à manger et les salles de lecture, à l'usage des locataires, ne produit rien directement, mais donne lieu à un surcroît de loyer pour les logements.

On peut se demander si l'augmentation du loyer, par suite d'arrangements pour rendre plus grand le confort domestique du locataire, amélioration que, sans aucun doute, un grand nombre de ceux qui pourraient supporter cette surcharge apprécieraient, et pour laquelle ils payeraient volontiers, ne serait pas une objection pour le nombre bien plus grand de ceux qui ne pourraient

ou ne voudraient pas payer des avantages dont ils no profi-
teraient que dans une mesure bien plus restreinte, ou qui, peut-
être, n'ont seulement besoin que d'une chambre à coucher.

Il n'est pas non plus établi que l'augmentation du loyer des
chambres garnies à cause des commodités qui résultent des cuisines et autres salles citées plus haut, soit une compensation suffi-
sante pour l'espace improductif qu'elles occupent. En tout cas, on
peut conseiller de le restreindre aux dimensions strictement nécessaires. Il est inutile de citer aucun établissement parmi ceux
qui existent à Londres, mais dans plusieurs, l'espace accordé pour
les salles en question paraît beaucoup trop grand, et, par conséquent, est une cause de perte de revenu.

Au point de vue commercial, il faut avoir bien présent à l'esprit qu'ici la véritable question est la location de l'espace, ou,
pour nous servir d'un terme précis, la location *de la surface de
plancher*.

L'intérêt du capital déboursé est en proportion exacte avec le coût
et le loyer de chaque mètre carré de plancher. Ainsi, si d'un côté
nous mettons la dépense totale, c'est-à-dire le prix du terrain, de la
construction, de l'appropriation et de l'ameublement, et de l'autre,
le nombre total de mètres carrés de plancher réservés pour l'espace logeable, nous avons un moyen de calculer le taux d'un loyer
rémunérateur, faisant, toutefois, une déduction pour les charges
annuelles.

Il devient donc intéressant de déterminer la proportion la plus
économique dans la distribution de l'espace logeable qui produit
un loyer, et de l'espace nécessaire pour la circulation, la ventilation et les autres besoins indispensables des locataires qui ne produit
rien. On ne paraît pas avoir suffisamment considéré ce point ; ou,
au moins, ne l'a-t-on pas avancé comme une règle devant être ri-
goureusement observée. Mais cette règle est importante, et on peut
la formuler ainsi : « La source du revenu est le loyer annuel de
» l'espace logeable. Plus cet espace est grand proportionnellement
» dans un bâtiment, plus l'intérêt du capital est grand. »

Revenant aux causes de diminution ou de perte du revenu dont nous venons de parler, il est évident que si on peut les éloigner, ou seulement y remédier partiellement, il devient possible de diminuer les loyers et de rendre en même temps les établissements plus productifs.

De l'autre côté, la connaissance des habitudes et des mœurs des ouvriers de Paris, plus complète que ne pouvaient l'avoir les fondateurs des premiers bâtiments construits, lorsqu'ils commencèrent leurs opérations, a montré aussi que, pour rendre les habitations perfectionnées, qu'on se propose d'établir dans cette ville, populaires parmi les classes laborieuses et productives pour les propriétaires de ces maisons, il est essentiel de ne pas apporter de perturbation dans la manière de vivre des locataires, mais de les pourvoir de demeures aménagées et administrées de manière à les placer dans une position analogue à celle de leurs relations présentes avec les logeurs ; de leur accorder à un plus bas prix un logement meilleur sous le rapport des commodités, de la propreté et du confort ; et, par dessus tout, d'éviter, non seulement en fait, mais même en apparence, une surveillance odieuse à leurs idées d'indépendance. Il faut leur faire clairement comprendre que l'entreprise est un placement intelligent du capital, encouragé à leur bénéfice par le Gouvernement.

Pour remplir ces conditions nous avons d'abord à considérer les deux catégories de locataires qui habitent les garnis de Paris, c'est à dire ceux logés chacun séparément dans une pièce à part, et ceux logés dans des chambrées ou dortoirs, où plusieurs couchent ensemble dans la même salle. Un état (annexe page 35) fait avec soin, en 1853, par ordre de M. le ministre de la police, nous apprend que le nombre de la première catégorie fut alors de 17,660, et celui de la deuxième de 23,270. Probablement ces chiffres n'ont pas beaucoup varié depuis. Ils indiquent suffisamment l'importance et là gravité de la question.

Faisant donc l'application des renseignements acquis aux logements de ces deux catégories de locataires, nous sommes conduits à poser comme principes : que le nombre des locataires d'une maison ne doit pas être trop grand, — on pourrait en fixer le maximum à 100; — qu'il ne faut pas que les places où l'on couche séparément, ayant la prétention d'offrir plus de commodité que les cabinets garnis des bons logeurs de Paris, soient des cabinets simples ou des cellules ouvertes par le haut, mais bien des chambres confortables et fermées ; — et quant aux chambrées, que pour les mœurs et le bien-être des ouvriers, les lits doivent être séparés les uns des autres par des cloisons de plus que la hauteur d'homme ; il faut aussi qu'aux établissements des deux natures, les mesures hygiéniques concernant les latrines et vidanges, l'évacuation des immondices, les salles de lavabos, la ventilation, l'éclairage et la provision d'eau ne laissent rien à désirer, et que, selon leurs habitudes actuelles, les ouvriers louent leurs chambres à un locataire principal, vivant sur les lieux, qui leur fournirait chaque jour ceux de leurs repas tout préparés qu'ils prennent ordinairement chez eux matin et soir, l'ouvrier français n'ayant pas l'habitude, comme l'ouvrier anglais, de faire lui-même sa cuisine. Il faut enfin que dans chaque maison, les ouvriers trouvent *une mère* qui leur inspire la confiance.

Ces diverses considérations combinées ont rendu nécessaire l'adoption d'un autre mode de construction et d'administration, et ont donné lieu au nouveau système de logements garnis proposé par l'auteur, dont on peut examiner les détails dans les plans et documents qui suivent.

Les plans représentent une maison appropriée au logement de 50 ouvriers, chacun dans une chambre à part. — Le n° 1 est le plan du rez-de-chaussée, destiné à être loué à un principal locataire. Il sera composé d'une boutique sur la rue avec un appartement pour lui, et d'un chauffoir ou salle pour les ouvriers locataires. La porte d'entrée et le vestibule, donnant accès sur la rue, sont au seul usage de ces derniers, qui devront se présenter au guichet à gauche et se faire reconnaître afin que des étrangers ne puissent pas entrer dans la maison. L'escalier aussi à gauche monte aux chambres garnies, et au fond de la cour en face de l'entrée se trouvent la salle des lavabos ainsi que les cabinets d'aisances et les urinoirs, disposés de manière à être complétement détachés de la maison, abondamment fournis d'eau et très-proprement tenus.

Le n° 2 est le plan d'un étage approprié pour dix chambres séparées, dont six sur le devant et quatre derrière; chacune, avec sa porte à clef et sa fenêtre, sera complétement fermée et bien éclairée et ventilée ; elle sera convenablement meublée et proprement tenue. On arrive aux chambres par un large escalier et un corridor spacieux, tous les deux bien éclairés.

Pour assurer une ventilation complète à chaque chambre, on suivra le système adopté à Londres et dont l'expérience a démontré l'efficacité. Une ventouse composée d'une brique creuse et munie à l'intérieur d'une porte s'ouvrant et se fermant à la volonté du locataire, donne accès à l'air extérieur, dont la libre circulation des chambres au corridor est assurée, moyennant une espace entre le plafond et les cloisons, qui s'arrêteront de ce côté à une distance de 5 centimètres du plafond. A chaque bout du corridor un bec de gaz, servant à l'éclairer la nuit, sera placé dans une lanterne située sur le devant d'une ouverture dans une cheminée d'appel, et servira, par la chaleur qui s'en dégagera, à activer l'ascension de l'air dans la cheminée. Ce système de ventilation est d'une grande simplicité, et ne laisse rien à désirer.

Les cinq étages, à partir du premier, sont tous disposés de la même manière. Chaque palier d'escalier donne sur une galerie extérieure, où on établira des cabinets pour les balais et autres objets de nettoyage, des conduites pour la descente des ordures et eaux sales, et un cabinet d'aisances au cinquième pour l'usage de nuit. Le tout, donnant en plein air sur la cour, est séparé de l'escalier et de l'intérieur du bâtiment par une porte, de manière à ce qu'aucune mauvaise odeur ne puisse entrer dans la maison.

Les n°⁵ 3 et 4 sont les plans des modifications proposées par M. Henry Roberts, architecte anglais, qui a consacré les derniers douze ans de sa vie à l'étude spéciale de l'amélioration des logements d'ouvriers et en a fait construire un grand nombre en Angleterre dans de bonnes conditions. Les détails développés dans ses rapports, pages 27 et 29, seront lus avec intérêt.

Le n° 5 est le plan d'un étage transformé en logement de familles, servant à démontrer avec quelle facilité on peut, à peu de frais, appliquer le même système à ce genre de bâtiments. Cette disposition, prescrite par l'administration, prévient l'objection fondée sur la possibilité de l'affectation inutile de la subvention, s'il résultait de l'expérience que la maison ne répondît pas à sa destination de garni pour célibataires; car, dans ce cas, elle serait convertie en logements de familles bien commodes, destinés à être loués à bon marché, et la subvention, suivant l'intention du Gouvernement, servirait ainsi, dans tous les cas, à améliorer les logements d'ouvriers et à en diminuer les loyers.

Le même système s'adapterait parfaitement à des établissements de chambrées, dont les lits seraient séparés par des cloisons ouvertes par le haut. Seulement dans le but de pouvoir réduire les loyers à la portée des ouvriers, forcés par leurs salaires à chercher le bon marché; les dimensions des compartiments seraient diminuées afin d'en pouvoir loger un plus grand nombre dans le même espace, car, suivant le principe déjà énoncé, *le loyer doit être en proportion de l'espace logeable occupé par le locataire.* — Les chambres fermées d'après les plans annexés, auraient 5 mètres, les compartiments des chambrées 3^m,50 de superficie. Les prix seront plus ou moins élevés en proportion de ces chiffres, ayant égard aux dépenses qui seraient les mêmes pour les deux genres d'établissements. Sous tous les autres rapports, les dispositions et les commodités seraient pareilles.

Ce mode de construction, comme le remarquent les architectes MM. Roberts et Chétin dans leurs rapports (pages 27 et 32), peut être mis à exécution avec une façade de maison de trois, quatre ou cinq fenêtres, donnant l'espace nécessaire pour dix, quatorze ou dix-huit chambres par étage, et calculé ainsi, sans aucune modification à apporter au plan général, pour loger dans les cinq étages d'une maison 50, 70 ou 90 personnes ; dans chacun de ces cas, le rez-de-chaussée serait approprié pour la boutique, les salles et l'appartement qu'on louerait à un principal locataire, qui serait tenu de réserver un chauffoir à l'usage des ouvriers.

Une maison contenant seulement 50 locataires sera, sans aucun doute, celle qu'on administrera avec le moins de peine ; mais à cause du peu de produit, les frais d'administration, proportionnellement, seraient onéreux et nécessiteraient un prix de location plus élevé que dans les maisons plus grandes. Ainsi, il y a intérêt pour l'ouvrier de faire adopter celles-ci, qui produiront aussi davantage au profit de l'entreprise, si on peut les avoir constamment habitées.

L'expérience indiquera celles de ces maisons, grandes ou petites, qui, toutes circonstances données, seront d'un meilleur produit, toujours en cherchant à diminuer les loyers au profit de l'ouvrier. A cet égard, beaucoup dépendra du quartier de Paris dans lequel l'établissement sera placé, mais, dans tous les cas, on peut affirmer qu'une maison de logements garnis ne doit pas contenir plus de 90 à 100 lits. Du reste, le système ne se prêterait pas convenablement à plus de dix-huit chambres par étage , soit de 90 chambres par maison.

Suivant l'expérience donnée par les logements garnis de Londres, on ne peut douter que des établissements contenant moins de 100 lits ne soient, dans tous les temps, presque pleins. Telle est l'opinion de M. ROBERTS, comme on peut le voir par son rapport (page 27). C'est pourquoi, dans cette limite, on peut calculer que 10 p. 0/0 est une bonne estimation moyenne du nombre de lits qui ne sont pas loués dans le cours d'une année. Le résultat a prouvé qu'avec de plus grands établissements, on ne pouvait à Londres porter le chiffre de ces non-valeurs à moins de 20 p. 0/0, terme moyen. Il a même été de 30 à 40 p. 0/0.

Cette différence dans la perte du revenu, provenant des nonvaleurs, en faveur des maisons appropriées pour 100 locataires ou moins, est elle-même un gain réel. Mais le grand avantage qu'on peut retirer du nouveau système, c'est que chaque partie de l'espace habitable du bâtiment produit un revenu, et que les dépenses d'administration sont diminuées. On obtiendra ce dernier résultat, formant un profit additionnel pour le capital, par la location du rez-de-chaussée, approprié comme demeure et comme boutique, à laquelle sera jointe un chauffoir, comme il a été expliqué ci-dessus, au locataire principal, qui tiendra un restaurant ou un café, ou bien qui sera épicier ou charcutier ou boulanger, ou à la tête de quelque autre commerce tenant à la consommation des classes ouvrières ; ce principal locataire sera le gardien de la maison, et en même temps fournira à ses sous-locataires les repas qu'ils prendront chez eux.

D'après ce plan, les ouvriers logeants et le locataire principal, indépendants dans le fait l'un de l'autre, se sont cependant réciproquement utiles, et le dernier, outre le casuel de son commerce comme boutiquier, aura sur les lieux un nombre de pratiques qu'il sera de son intérêt de bien traiter.

En considération de ces avantages positifs au profit du prin cipal locataire, on propose qu'il ait la responsabilité du nettoyage des chambres des sous-locataires et les tienne en ordre sans rétribution, et qu'il perçoive les loyers, moyennant une commission modérée, ou même sans commission, si son commerce lui est assez avantageux. Sa femme sera la *mère* des ouvriers.

Dans tous les cas, la bonne administration du principal locataire, ainsi que les dispositions qu'il prendra, seront pour beaucoup dans la réussite. Le loyer qu'il aura à payer et la rétribution qu'il recevra, pour percevoir les loyers des locataires en garni, seront en proportion du succès de son commerce et du produit des chambres à louer.

Ajoutons à tout ce que nous avons dit, que l'Administration de l'entreprise exercera sur ces maisons un contrôle constant et régulier. Ayant surtout en vue le bien-être des ouvriers, elle chargera un inspecteur de les visiter chaque jour, et de veiller à ce que les règlements soient observés. Ses fonctions consisteront à maintenir l'ordre, la propreté et les conditions sanitaires dans chaque établissement, et à sauvegarder les droits et les priviléges des locataires comme ceux du principal. Un seul inspecteur bien entendu pourra surveiller plusieurs maisons.

Dans quelques quartiers populeux, il peut être avantageux de construire deux ou trois maisons contiguës. Dans ce cas, on louerait les rez-de-chaussée à des marchands faisant un commerce différent, et les locataires de chaque groupe de maisons deviendraient leurs pratiques. Les arrangements intérieurs et l'administration de chaque maison resteraient néanmoins les mêmes que si chacune d'elle formait un établissement séparé.

Jusqu'à ce que le nouveau système se soit développé et bien établi, afin que les administrateurs puissent exercer un contrôle convenable sur les principaux locataires, on ne louerait pas les rez-de-chaussée à bail, mais par un simple acte sous seing privé, qu'on pourrait résilier de trois mois en trois mois.

A l'égard des loyers, avant de les fixer pour les nouveaux établissements, nous avons à nous rendre compte des prix aujourd'hui payés par les ouvriers de Paris. Sur ce point, nous trouvons des données qui ne peuvent pas nous tromper dans l'état dressé par ordre ministériel en 1853, déjà cité (*annexe page* 35).

Si, depuis cette époque, il y a eu quelque changement dans les loyers, c'est plutôt en augmentation qu'en diminution.

D'après ce document, il est établi que pour les cabinets ou chambres garnis le prix varie de 9 à 15 fr. par mois : par exception, dans quelques localités, il s'élève à 16 et 18 fr. par mois. Sans tenir compte de ces derniers chiffres, le loyer du cabinet garni, à la charge de l'ouvrier célibataire qui y couche, est en moyenne de 12 fr. par mois.

Pour les chambrées, le prix par lit est de 8 à 10 fr. et même 12 fr. par mois, suivant le quartier, et la condition plus ou moins malpropre et incommode. En moyenne, pour les logements habitables, les ouvriers en chambrées paient 10 fr. par mois quand ils couchent seuls, et 6 à 7 fr. par mois quand ils couchent deux dans un lit. Mais il est rare qu'un ouvrier en chambrée occupe un lit séparé. On ne peut pas tenir compte des chambrées à 4 et 5 fr. par mois, car ce n'est que par le *tassement* d'un trop grand nombre de personnes dans des chambres insalubres et en couchant à deux ou plus dans un mauvais lit, que les ouvriers peuvent être logés à si bas prix. Nous n'avons pas à nous occuper d'un genre de logements qui ne doit pas être toléré.

Au contraire, notre but principal et celui qu'il est urgent de réaliser, est d'établir des garnis salubres et commodes, où l'ouvrier pourra se coucher seul dans un bon lit propre.

Si donc, au moyen de l'intervention bienveillante du Gouvernement jointe aux résultats avantageux, au point de vue commercial, du nouveau système, le prix des chambres garnies à un lit, et à une personne dans les établissements améliorés dont il est question, est fixé en moyenne comme on se le propose, à 9 fr. par mois, et celui des chambrées à compartiments, où chaque lit sera renfermé par une cloison, aussi en moyenne à 7 fr. par mois, l'avantage pour l'ouvrier sera immense; car pour ces prix réduits il sera mieux logé que dans les meilleurs garnis des logeurs existants aujourd'hui dans Paris, et il aura en plus la jouissance de commodités, pour le confort, la propreté et la vie domestique, qu'il n'a jamais connues auparavant, le tout garanti par une surveillance paternelle entièrement dans son intérêt.

Quant à la question principale soulevée par le présent exposé, — le placement avantageux du capital sur les logements garnis pour ouvriers célibataires à Paris, — sans entrer dans des détails, il suffit, quant à présent, d'observer qu'en comparant la dépense totale des bâtiments du nouveau système et le revenu net qu'on peut en attendre avec les établissements construits sur le plan des maisons-garnies modèles de Londres, les calculs prouvent qu'un loyer réduit, qui, dans le dernier cas, donnerait à peine 3 à 4 p. 0/0, pourrait produire un dividende de 5 p. 0/0 au moins dans le premier. Ce résultat provenant, d'un côté, de la réduction des frais généraux d'administration; et, de l'autre, de la location du rez-de-chaussée à un principal locataire, est d'autant plus important, qu'*en louant aux ouvriers des logements meilleurs à des prix moindres*, il satisfait à la fois aux principes bienfaisants et rémunérateurs.

2

Pour éviter tout mal entendu quant au genre des logements dont il est question, il est bien de se rappeler que les observations précédentes ont seulement rapport aux habitations garnies pour célibataires, dont l'aménagement et l'administration présentent évidemment des difficultés qui n'existent pas pour les habitations de familles.

Pour ces dernières, il n'y a pas dans les habitudes françaises et anglaises de différence essentielle qui puisse affecter le revenu. Il ne se présente aucune difficulté d'administration ni de surveillance. C'est pourquoi la subvention, en permettant dans la construction des maisons pour logements de famille une commodité plus grande pour une dépense moindre, devient une garantie pour un produit du capital assuré et rémunérateur, rendant ainsi une entreprise avec subvention gouvernementale pour cette classe de bâtiments sûre et profitable.

Pour terminer, il n'est peut-être pas hors de propos de rappeler qu'en appréciant le bien produit par les logements améliorés comme un *résultat permanent*, le taux du loyer est la première considération. Si, pour faire produire au capital un profit convenable, les locataires ont à payer un loyer élevé, quelque excellentes que soient les dispositions, quelque bonnes que soient les conditions sanitaires et morales, quelque grand que soit le confort, comme cela est dans les maisons-garnies modèles de Londres, la masse des ouvriers n'en retirera que peu d'avantages. C'est une classe au-dessus de la leur qui en profitera, et le véritable objet du mouvement philanthropique pour améliorer la condition des travailleurs ne sera pas atteint.

Pour arriver à faire le bien qu'on se propose, il faut faire entrer dans la même combinaison *des logements meilleurs, des loyers moins élevés, et un rendement profitable du capital.* C'est ce que l'application intelligente de la pensée de l'Empereur, celle de la subvention gouvernementale, permettra de réaliser.

LETTRE A L'EMPEREUR.

Paris, 17 juillet 1854.

A Sa Majesté l'Empereur,

Sire,

Le logement propre, sain et à bon marché des ouvriers célibataires d'une grande ville est une question sociale d'une haute importance.

Votre Majesté l'a appréciée depuis longtemps et a décrété une loi destinée à la résoudre.

Cependant les ouvriers nomades, dont le nombre logé dans des garnis sales et malsains s'élève à Paris à plus de 40,000, n'ont pas profité de vos bienveillantes intentions.

Les subventions accordées par l'État n'ont servi jusqu'à présent qu'à améliorer les logements des ouvriers en famille habitant des appartements non meublés.

Ayant fait des études sur le système des logements, les mœurs et les habitudes des ouvriers de Paris ainsi que de ceux de Rouen et de Lille, sur lesquels j'ai eu l'honneur de fairé des rapports à M. le Ministre de l'intérieur, j'ai reconnu que ce serait une faute que d'imiter exactement les « *Model Lodging-Houses* » de Londres.

Dans une note adressée à M. le Ministre d'État, j'ai exposé que des recherches m'ont amené à conclure que, pour engager les ouvriers de Paris à habiter des bâtiments perfectionnés appropriés à leur usage, il convient :

1º De ne pas former de grands établissements pour des centaines de locataires sous le même toit ;

2º De ne loger que 40 à 50 ouvriers dans un même bâtiment ;

3º De les placer autant que possible dans les mêmes conditions que celles où ils se trouvent aujourd'hui chez les logeurs.

Faisant application de ces principes, j'ai proposé un système qui aura pour effet d'établir des maisons de logeurs pour 50 locataires ou plus, où chaque ouvrier aura une chambre à part et un bon lit, et où la propreté, la salubrité et l'ordre seront garantis par la surveillance de l'Administration de l'entreprise, non pas directement et d'une manière apparente sur les locataires, mais sur le principal locataire, qui sous-loue aux ouvriers. Dans le fait, le rôle de l'Administration sera d'exercer un contrôle salutaire sur le logeur, tout dans l'intérêt de ses locataires.

Par ce système, les objections de la malveillance seront écartées. Les ouvriers ne seront ni casernés ni en cellules, comme le disent méchamment les détracteurs intéressés de toute entreprise ayant pour but d'émanciper les malheureux ouvriers des logeurs et autres qui les exploitent.

Votre Majesté a daigné autoriser son Gouvernement à donner son concours aux arrangements projetés pour faciliter la visite des ouvriers anglais à l'Exposition universelle. La mission qui m'est confiée par le Comité de Londres, de préparer les logements pour ces visiteurs, m'aidera à rendre populaires ces nouveaux garnis. Si Votre Majesté veut bien autoriser son Gouvernement à m'accorder la concession, avec subvention de l'État, que j'ai demandée, mille lits au moins seront prêts avant l'ouverture de l'Exposition universelle, et l'exemple donné par les ouvriers anglais qui viendraient habiter ces logements, tendrait à populariser à Paris ce nouveau système.

Je suis avec respect,

Sire,

De Votre Majesté,

Le très-obéissant serviteur,

George CLARK.

EXPOSÉ

Adressé à Son Exc. le Ministre d'État sur les modifications et améliorations à apporter aux bâtiments destinés au logement des ouvriers célibataires en garni.

LOGEMENTS D'OUVRIERS.

Paris, 14 juillet 1854.

Monsieur le Ministre,

Dès le premier jour, il y a plus d'un an que, par votre intermédiaire, j'ai eu l'honneur de faire adresser à Sa Majesté l'Empereur, une proposition pour l'établissement de bâtiments destinés au logement des ouvriers célibataires en garni ; je n'ai pas cessé de m'occuper de cette question intéressante ; j'ai fait tout ce qui était en mon pouvoir, et j'ai dépensé des sommes considérables pour établir ces logements à Paris.

L'établissement des appartements de familles dans de bonnes conditions et à bon marché, a sans doute son importance pour la classe ouvrière et mérite toute la sollicitude du Gouvernement ; mais l'amélioration du logement et de la position domestique de l'ouvrier nomade à l'égard de la salubrité, de la propreté et du confortable, est une des premières questions sociales.

Pour étudier cette question sous tous les rapports, j'ai visité à plusieurs reprises les « *Model Lodging-Houses* » à Londres. A l'un de ces voyages, je fus accompagné par M. Laudin, architecte du palais de Meudon, dont le rapport se trouve ci-annexé. J'ai aussi établi des relations intimes avec mes compatriotes philanthropes en Angleterre, qui s'intéressent vivement à ces entreprises utiles, et j'ai profité de l'expérience et des grandes lumières de M. Roberts, l'architecte honoraire de la Société pour l'amélioration des classes ouvrières qui, depuis 10 ans, s'occupe incessamment de leurs habitations.

L'entreprise des logements d'ouvriers en garni, sans doute, est de sa nature simple et d'une exécution facile ; mais, pour Paris, à son début, elle a été entourée de difficultés provenant du manque d'expérience des détails, de préventions que le temps et la pratique peuvent seuls détruire, et surtout d'hostilité intéressée et d'insinuations malveillantes, répandues à dessein par cette classe nombreuse qui fait un profit énorme sur le malheureux ouvrier en exploitant les chambrées sales, dégoûtantes et malsaines, où il est aujourd'hui obligé de se loger en garni.

Mais toutes ces difficultés disparaîtront devant un système bien organisé sous le patronage de votre administration et un bon exemple donné. Le point essentiel est que le premier établissement ouvert soit dans des conditions d'appropriation et d'assainissement qui répondent à toutes les objections.

Car il est reconnu aujourd'hui, que c'est une erreur grave que de former des établissements trop vastes. Déjà on a constaté cet inconvénient dans quelques-uns des « *Model Lodging-Houses* » existants à Londres. A Paris, sa gravité serait augmentée ; et j'ai dû reconnaître que dans cette ville il ne serait pas sage de débuter par des habitations où il y aurait plusieurs centaines d'ouvriers logés sous le même toit. Il n'y a que cette particularité qui puisse donner la moindre prise à la malveillance.

L'étude de la vie des ouvriers nomades de Paris m'a amené à conclure qu'il est essentiel d'apporter le moins de changements possible à leurs habitudes. Le système anglais de faire vivre les locataires dans une espèce de communauté, avec une cuisine et une salle communes, pour y arranger et prendre leurs repas, ne convient pas aux ouvriers de Paris. Ces derniers sont habitués à regarder la femme ménagère du logeur comme amie, et l'appellent familièrement leur « *mère* ». Elle leur fournit la soupe et des articles de consommation quotidienne. Ils se croient parfaitement libres, et ne voient aucun signe de surveillance qui puisse les gêner ni restreindre leur liberté d'action.

Ce serait une faute, en ouvrant le premier établissement, de donner lieu à une comparaison entre le système actuel et celui d'une surveillance apparente, ayant aux yeux de l'ouvrier le caractère d'un casernement, comme déjà la malveillance se plaît à le lui dire. Cette idée même doit frapper son esprit, quand il voit un établissement dont les proportions exigent un gardien, un inspecteur et plusieurs garçons pour le service journalier.

Ces observations, le résultat de l'expérience, m'ont amené à reconnaître la nécessité de modifier considérablement les modes préconçus d'après les modèles anglais pour la construction, l'appropriation et l'exploitation des logements en garni, et de prendre pour base l'intention de les assimiler aux maisons de logeurs aujourd'hui existantes, en y apportant les améliorations nécessaires au bien-être des locataires.

Ces améliorations se confondent, sous les rapports de la moralité, de la propreté, de la salubrité et du confort, avec une surveillance complète (préférable même à celle qui existe aujourd'hui, ou qui pourrait être exercée dans un vaste établissement), sans être apparente pour les locataires et sans les gêner d'aucune manière.

Ce nouveau système, que je cherche à établir, consiste d'abord à disposer pour chaque ouvrier, en place d'un cabinet partiellement ouvert, que les adversaires des améliorations proposées qualifient méchamment de cellules, une chambre fermée, de cinq mètres de surface, avec sa porte à clef, sa fenêtre s'ouvrant à volonté, et une bonne ventilation. Elle sera meublée d'un lit de fer solide, avec literie bonne et propre, et d'un grand coffre à clef pour y serrer les effets. Dans chaque maison, il n'y aura que cinquante locataires (1), chacun dans une chambre séparée, et seulement dix locataires sur le même palier. Tout sera solidement fait, mais simple et sans luxe, comme il convient à l'ouvrier. Les cabinets d'aisances, les urinoirs, les cabinets de lavabos, l'approvision-

---

(1) Il résulte de considérations économiques que pour pouvoir louer à prix réduit, il convient de loger 70 à 100 locataires dans une maison. (Voir p. 14.)

nement d'eau, l'éclairage, la ventilation seront disposés dans les meilleures conditions. Pour l'écoulement des eaux sales et des vidanges, on emploiera des moyens tout particuliers, d'une grande valeur à l'égard de l'hygiène et de la propreté. Le rez-de-chaussée de chaque maison sera occupé par un locataire principal, qui sera censé sous-louer aux ouvriers, mais qui réellement sera le représentant de l'Administration, sous les ordres de son inspecteur, et le surveillant responsable de l'établissement dans l'intérêt des ouvriers locataires. Il y habitera avec sa famille ; il peut y exercer son état, et s'entendre avec les ouvriers, si cela leur convient, pour leur fournir les objets de leur consommation.

Les maisons ainsi disposées seront établies par groupes de trois ou quatre, distribuées sur différents quartiers de la ville, et seront de véritables modèles-types pour des logements d'ouvriers en garni.

J'ai l'honneur d'être,

Monsieur le Ministre,

Votre tout dévoué et obéissant serviteur,

GEORGE CLARK,
Rue Saint-Honoré, 343.

RAPPORT

Sur les logements d'Ouvriers, fait à M. le Ministre d'État par M. Laudin, architecte du palais de Meudon.

Co 14 juillet 1854.

MONSIEUR LE MINISTRE,

Au commencement de l'exercice 1853, époque où il fut question d'approprier et de construire dans Paris des maisons à l'usage des ouvriers célibataires, projet qui préoccupait vivement Sa Majesté l'Empereur, dans l'intérêt tout particulier qu'il porte à tout ce qui peut améliorer le sort et le bien-être des ouvriers, d'après vos instructions, Monsieur le Ministre, M. Visconti, architecte de l'Empereur, prit l'initiative de cette affaire ; mais ses nombreuses occupations d'alors ne lui permettant pas d'y consacrer le temps nécessaire, vous voulûtes bien, Monsieur le Ministre, sur la demande de M. Visconti, me charger de ce travail, et un avant-projet que j'eus l'honneur de vous soumettre fut examiné et discuté dans votre cabinet à la fin d'avril 1853. Depuis cette époque, de concert avec M. George CLARK, avec lequel j'ai été mis en rapport, je n'ai pas cessé de m'occuper de cette question intéressante. Deux différents concessionnaires de l'État ont fait construire chacun un établissement divisé en cellules séparées : l'un, aux Batignolles, de 220 lits ; l'autre, rue de Montreuil, de 400 lits. Elles ont été faites d'après les dispositions adoptées en Angleterre pour ce genre d'habitations. Dans les premiers jours du mois de mai dernier, j'ai fait, en compagnie de M. CLARK, un voyage à Londres pour étudier les moyens de ventilation, d'éclairage, les dispositions des cabinets d'aisances, urinoirs, lavabos de ces divers bâtiments. J'ai reconnu, après un examen attentif, qu'ils sont tous dans d'excellentes conditions hygiéniques ; les ouvriers qui les habitent s'y plaisent ; mais il faut néanmoins tenir compte des usages des deux pays : ainsi, même en Angleterre, où ces habitations jouissent d'une grande faveur on a reconnu qu'il ne faut pas leur donner une trop grande importance. L'établissement de *Spicer Street, Spitalfields,* qui contient 228 lits, et l'un des mieux tenus, n'est jamais complétement occupé, tandis que les établissements à Charles Street, Drury-Lane, à Bloomsbury et autres, qui ne renferment que 100 lits et moins, sont toujours pleins. Les bâtiments construits à Paris avant qu'on ait reconnu l'inconvénient d'avoir trop d'ouvriers dans un même établissement se trouve, par ce fait, dans des conditions plus défavorables que celui de *Spicer Street,* non-seulement à cause de leur grande étendue, mais parce que les ouvriers français ont l'habitude de prendre leurs repas dans les garnis qu'ils habitent. Il est regrettable qu'on n'ait pas tenu compte de ces particularités ; dès lors, il ne serait pas prudent de livrer ces établissements à l'exploitation. Déjà le propriétaire de celui des Batignolles, ne trouvant pas de locataires, a l'intention d'en faire des logements pour familles. Par ces raisons, le projet de M. Clark, qui aurait pour but, en ne construisant des maisons que pour 50 ouvriers célibataires, de les loger séparément dans de petites chambres au lieu de cellules, me paraît plus rationel, ne froissant en rien leurs habitudes, et pouvant prendre leurs repas dans la maison, dont le principal locataire, occupant le rez-de-chaussée, serait à la fois le logeur et le représentant de l'administration de l'entreprise. A la demande de M. Clark, j'ai fait dresser les plans d'un de ces établissements ; toutes les conditions hygiéniques sont prévues, et, sous plusieurs rapports, sont supérieures à celles des meilleurs établissements de Londres.

Je suis avec respect,

Monsieur le Ministre,

Votre très-humble et très-obéissant serviteur,

LAUDIN,

Architecte du palais de Meudon et de la manufacture de Sèvres.

RAPPORT

Sur le plan proposé par M. CLARK au Gouvernement français, pour la construction, dans Paris, d'habitations dont chacune puisse loger un nombre limité d'ouvriers célibataires ;

Par HENRY ROBERTS, Esq., F. S. A.,

Architecte honorai. e de la Société pour l'amélioration du sort des classes ouvrières, et auteur d'un Essai sur leurs habitations.

Pendant mon séjour à Paris, la semaine dernière, M. Clark m'ayant prié d'examiner un plan proposé par lui au Gouvernement français, pour la construction, dans Paris, d'un nombre considérable de maisons pouvant loger chacune 50 ouvriers célibataires, je dirai à ce sujet :

Que l'expérience faite par la Société pour améliorer la condition des classes laborieuses (Société dont je suis l'architecte honoraire depuis dix ans), prouve que les maisons pouvant loger 80 ou 100 célibataires sont constamment remplies, et que leur administration ne rencontre aucune difficulté ; tandis que l'habitation d'ouvriers en garni d'Albert ou de Spicer Street, appartenant à une autre Société, et pouvant loger environ 230 ouvriers, contient rarement plus de la moitié ou au plus les deux tiers de ce nombre, ce qui a causé à la Société une perte considérable.

Je n'ai point de données pour formuler une opinion précise sur la question de savoir quel est le plus avantageux de pourvoir une maison de logements pour 50 ou pour 100 locataires ; mais je pense que, toutes choses considérées, ces chiffres peuvent être donnés, dans des circonstances ordinaires, comme le maximum et le minimum pour les habitations d'ouvriers dans les villes.

Dans l'incertitude si la prévention ou d'autres obstacles imprévus ne peuvent en quelque cas apporter des difficultés insurmontables à l'heureux résultat de tels établissements, il devient important de construire les bâtiments de telle sorte qu'il soit possible, en cas d'insuccès, et sans de trop grands déboursés additionnels, de les convertir en habitations pour familles. Dans ce but, j'ai suggéré divers changements à faire au plan, et ensuite je l'ai revisé moi-même. (Voir les plans n° 3 et 4.) Les arrangements admettent l'extension du plan de manière à pourvoir au logement de 50, 70 ou 90 locataires, le rendant ainsi applicable à diverses localités.

Quant à la question du rendement profitable du capital, je ne suis pas en mesure de me prononcer, vu qu'il dépend beaucoup du prix des terrains et de celui des constructions.

Je dois cependant observer que l'espace accordé à chaque locataire est près d'un tiers plus étendu que celui qui est réservé dans les meilleures habitations ouvrières de Londres.

S'il est possible d'adopter, sans une dépense beaucoup trop considérable, une construction à l'épreuve du feu, cela est très à désirer.

Plusieurs considérations paraissent favorables au succès des établissements proposés par M. CLARK, et je dois exprimer ma conviction que, sous tous les rapports, ils sont beaucoup mieux appropriés à la condition des classes laborieuses que l'habitation d'ouvriers, non encore ouverte, du quartier Saint-Antoine.

HENRY ROBERTS.

Genève, 26 juillet 1854.

NOTE

Sur les changements faits en revisant un plan d'habitations qu'on se propose de construire à Paris, pour loger dans chacune cinquante ouvriers célibataires, et qu'on rendrait susceptibles d'être converties en habitations de familles.

Au lieu de balcons ouverts sur le derrière, donnant accès aux lieux d'aisance placés au niveau des paliers des escaliers, le bâtiment doit faire saillie; par ce moyen, on obtient un plus grand espace sans une plus grande dépense.

La ventilation étant amplement pourvue par les paliers ouverts et les fenêtres des lieux donnant sur la cour, il est impossible, si ceux-ci sont convenablement construits, qu'aucun inconvénient puisse résulter de leur odeur.

A

Dans les plans n°⁵ 4 et 5, A représente une cloison vitrée formant une porte à deux battants, dont le dessin ci-contre avec un châssis vitré au-dessus, s'ouvrant au bas par une charnière pour la ventilation. Il ne faudrait ouvrir habituellement qu'une moitié de la porte, qui serait entièrement vitrée avec du verre dépoli et aurait des gonds à ressorts. B est un palier ouvert avec une rampe de fer; CC, de chaque côté, représente une fenêtre non vitrée, qui pourrait être fermée par une persienne, et, par le moyen de deux petites ouvertures vitrées DD, on obtiendrait un tirant d'air convenable et les lieux auraient de l'air et de la lumière. Dans le vestibule E, il pourrait y avoir un urinoir en poterie émaillée, pourvu d'eau, qu'on y ferait arriver deux fois par jour; F serait exclusivement réservé aux hommes, comme cabinet d'aisances, dans l'éventualité où l'on pourrait être de faire du bâtiment une habitation pour familles, et, dans ce cas, le cabinet de lavabos G, du côté opposé, deviendrait un cabinet d'aisances pour les femmes , avec un vestibule dans lequel serait un conduit pour les immondices, qui irait rejoindre un réceptacle formé à l'angle de la cour; au rez-de-chaussée serait le cabinet d'aisances du gardien. On y entre par l'escalier conduisant à la cave, sous l'escalier principal; on peut lui donner par-dessus le toit de la salle à manger des locataires, située dans la cour, une bonne ventilation et la lumière. Le vestibule d'entrée, qui conduit à la salle à manger, serait très-convenable pour y suspendre les chapeaux, etc.; une place pour un cabinet de lavabos, avec abord couvert (qui servirait de décrottoir si on le désirait), un double urinoir et un cabinet d'aisances, ajoutés à ceux des paliers de l'escalier, suffiraient, tandis que dans le plan soumis à mon examen, on accorde à toutes ces parties un espace beaucoup plus considérable que celui que je propose.

Les petites réductions apportées aux dimensions des appartements et du corridor (2^{m}75 sur 1^{m}75 au lieu de 2^{m}80 sur 1^{m}80 pour les premiers et 1^{m}40 au lieu de 1^{m}50 pour les derniers), qui me paraissent d'une grandeur presque démesurée, diminueront le prix du bâtiment sans en diminuer sensiblement les commodités; et les changements faits sur les derrières, en réduisant la profondeur exigée pour la construction entière, faciliteront, selon toutes probabilités, l'obtention d'emplacements favorables, aussi bien qu'ils diminueront le montant de la dépense.

Henry ROBERTS.

26 juillet 1854.

Voici l'opinion de M. Roberts sur les avantages d'une habitation ouvrière récemment construite à Paris (aux Batignolles), et qu'on se propose de prendre à bail dans le but de l'approprier, suivant le nouveau système, pour être exploitée dans l'intérêt des ouvriers. Elle est préparée pour 204 locataires, mais elle est construite de manière à avoir trois portes de devant et trois escaliers, pour faire du bâtiment trois maisons séparées, chacune pour 60 ou 70 locataires. Cet arrangement doit être mis à exécution, et prévient l'objection faite contre un trop grand nombre de locataires dans une seule maison :

« Quant à la maison construite par M. Pereire pour des célibataires, et que nous avons visitée ensemble, son emplacement me paraît bien choisi pour un tel établissement, quoique, décidément, je sois d'avis que, comme l'expérience l'a démontré, elle réunit un trop grand nombre de locataires en un même lieu.

« Pour ce qui concerne les dortoirs et les escaliers, il n'y a rien à dire contre leur aménagement et leur convenance pour le but qu'on s'est proposé; mais on n'a rien préparé pour une salle commune et une cuisine, pour lesquelles il y a cependant un espace suffisant derrière le bâtiment, sans compter le rez-de-chaussée, qui n'est point encore approprié, et qu'on destine, je crois, à des boutiques.

« Le bâtiment est, à l'apparence, d'une construction solide, et les conditions sanitaires en sont irréprochables. Je le crois convenablement disposé pour se diviser en trois maisons distinctes, qui seraient appropriées et dirigées de la manière que vous avez suggérée. »

Sur les indications de M. Roberts, on construira derrière et dans l'intérieur du bâtiment un chauffoir, une grande salle, des cabinets de lavabos et d'autres commodités à l'usage des locataires.

RAPPORT

Fait par M. Crétin, architecte de la Banque de France, sur les logements d'ouvriers.

Londres, 29 août 1854.

Monsieur CLARK,

J'ai l'honneur de vous rendre compte des différentes observations que j'ai pu faire en visitant les établissements pour logements d'ouvriers à Londres, afin d'en faire l'application au système de petites maisons de trois fenêtres de façade, que vous avez adopté vous-même pour les maisons d'ouvriers à Paris.

Commençant d'abord par les logements des célibataires,

Je dirai :

1º Qu'en général, dans ces sortes d'établissements, et notamment dans celui situé Spicer Street, Spitalfields, il y a, à mon avis, beaucoup trop d'espace sacrifié au service des cuisines, salles à manger, salles de lecture et accessoires, ce qui entraîne nécessairement à des dépenses de premier établissement et d'entretien qui sont au préjudice des produits.

2º Les frais d'administration et de surveillance, comme ils sont organisés à Londres, me semblent très-dispendieux et, par conséquent, onéreux au résultat financier de l'entreprise ; car, outre l'espace de construction et de terrain perdu, qui se trouve par ce fait improductif, il faut encore y ajouter les dépenses pour les appointements du personnel administratif.

Tandis que, dans les maisons projetées pour Paris, le principal locataire qui tiendra l'établissement devra au préalable payer un loyer pour son habitation, ainsi que pour les salles de débit de boissons et de nourriture, ce qui, incontestablement, forme la base d'une augmentation sensible dans le produit du capital de l'entreprise. Ces avantages pourront être appliqués au profit des ouvriers locataires, en leur donnant des chambres et des commodités plus grandes, sans augmenter, mais, au contraire, en diminuant les loyers.

3° J'ai cru remarquer encore que, dans les grands établissements de Londres, les systèmes de ventilation, pour être efficaces, devraient être établis sur des bases trop grandioses, et par conséquent trop dispendieuses, pour que ce ne soit pas encore un nouvel élément à ajouter aux précédents contre le revenu du capital engagé.

En donnant la préférence aux établissements de moindre importance, on peut facilement arriver à des résultats très-avantageux, comme l'a fait M. ROBERTS dans l'établissement situé George Street, où il a, avec avantage, employé les cheminées de ventilation à l'extrémité des couloirs, en faisant servir les becs de gaz comme appel, et joignant à cela la ventilation nécessaire qui a lieu par la cage de l'escalier ; je proposerai cependant un perfectionnement dans la disposition de la lanterne qui augmentera le tirant. Avec cette addition, je trouve que le système est aussi complet que possible, et qu'il ne faudrait pas hésiter de l'appliquer aux habitations proposées pour Paris.

4° J'ajouterai qu'au plan proposé par vous et modifié par M. ROBERTS, pour les logements de célibataires, il y aurait, je crois, avantage réel pour le produit, à y ajouter l'espace commandé par une croisée de plus, car la dépense de construction et de premier établissement serait, à coup sûr, relativement moindre que le produit auquel elle donnerait lieu. Il y aurait aussi, *par étage, quatre lits de plus*, dont le produit compenserait largement l'excédant de dépense ; l'on trouverait de plus l'avantage de donner au rez-de-chaussée une surface plus grande, ce qui me semble indispensable.

Le projet que vous proposez a, du reste, l'incontestable avantage de pouvoir, le cas échéant et si la nécessité l'exige, être très-facilement transformé en habitation de familles.

En ce qui concerne ce dernier mode d'habitation, je crois qu'on pourrait plus facilement, comme le Gouvernement français l'a déjà autorisé, arriver à donner aux bâtiments une plus grande importance, et se servir avec avantage du système de galerie extérieure employé par M. ROBERTS, semblable, du reste, à un projet présenté par moi et M. LAUDIN et approuvé par le Gouvernement français, il y a plusieurs mois, et en y appliquant le système de ventilation fort simple et fort efficace employé par M. Roberts dans l'établissement de Streatham Street.

Le projet de petites maisons appropriées pour familles, tel qu'il est présenté par vous, pourrait aussi trouver à être exécuté avec avantage dans plusieurs quartiers de Paris.

Je regarde cela comme une étude spéciale à faire sur place, suivant la nature des habitants et les habitudes des divers quartiers. Toutefois, je crois qu'en général il faudrait surtout s'attacher à faire des constructions économiques, sans luxe et peut-être moins pourvues de commodités de toutes sortes, comme celles des maisons de Londres, car en voulant trop bien faire, je crois qu'on a manqué le but qu'on voulait atteindre, c'est ce qui explique que, dans les visites que j'ai faites des établissements de familles, j'ai trouvé beaucoup d'employés, beaucoup de chefs ouvriers, mais excessivement peu, pour ne pas dire *point d'ouvriers proprement dits.*

Le confortable des espaces, soit commun à tous les habitants, soit particulier à chacun d'eux, y est, à mon avis, trop complet et je dirai même superflu; et je crois qu'il serait très-facile d'arriver à donner une somme de confortable très-convenable, sans qu'elle soit trop à charge aux produits de l'entreprise.

J'ai donc la ferme conviction qu'en faisant à point une bonne application des observations que j'ai pu faire dans mon court séjour à Londres, vous arriverez à créer à Paris des établissements qui devront à coup sûr satisfaire les idées philanthropiques du Gouvernement français, améliorer considérablement le bien-être de l'habitation de la classe ouvrière à Paris, et, en même temps, procurer un résultat très-avantageux aux capitaux engagés dans l'entreprise.

Si de plus amples explications vous étaient encore nécessaires vous savez que je suis entièrement à votre disposition, vous priant, en attendant, d'agréer l'assurance de ma parfaite considération.

G. CRÉTIN.

Architecte de la Banque de France.

ÉTAT des Ouvriers logés en garni par chambrées et en cabinets dans les sections de Paris et communes de la banlieue où se trouvent le plus grand nombre de garnis, fourni à M. le Ministre de l'intérieur par ordre de M. le Ministre de la police, en mai 1853.

	Nombre d'Ouvriers logés en		Prix de location des	
	chambrées.	cabinets.	Lits en chambrée.	cabinets
			fr. par mois.	fr. par mois.
1er Arrond¹.	»	»	»	»	»
2e id.	»	»	»	»	»
3e id.	»	»	»	»	»
4e id. . La Banque.	480	120	360	»	»
Louvre et Marchés. . . .	1250	800	450	»	»
5e id. . Saint-Laurent.	1200	300	900	6 à 7	10
Faubourg Saint-Martin. .	1200	600	600	5 à 7	10
Saint-Sauveur.	1100	300	800	»	»
6e id. . Arts et Métiers.	1200	300	900	6 à 7	9 à 15
7e id. . Saint-Merri.	3400	2000	1400	6 à 9	10 à 15
Mont de Piété.	1300	900	400	5 à 7	12 à 15
8e id. . Popincourt.	1100	800	300	6 à 8	9 à 12
La Roquette.	3100	2500	600	6 à 8	10 à 15
Quinze-Vingts, faubourg Saint-Antoine.	1450	1000	450	5 à 7	10 à 12
9e id. . Hôtel-de-Ville.	3200	3000	200	4 à 8	»
Les Iles.	1800	500	1300	6	10 à 15
10e id. . Babylone.	1800	1600	200	4 à 8	7 à 9
11e id.	»	»	»	»	»
12e id. . Place Maubert.	3100	2000	1100	5 à 7	8 à 10
Jardin des plantes. . . .	1800	1450	350	6	8 à 12
Saint-Marcel.	1150	300	850	6	8 à 12
Batignolles.	1400	1000	400	4 50 à 7 50	8 à 16
Montmartre.	750	»	750	»	6 à 18
La Chapelle.	2400	600	1800	6	12
La Villette.	2000	1500	500	4 50 à 6	»
Belleville et Ménilmontant.	1800	600	1200	5 à 8	10 à 15
Charonne.	650	400	250	6 à 7	»
Bercy.	700	200	500	6	6 à 12
Ivry et Gentilly.	900	300	600	»	6 à 12
Grenelle.	700	200	500	»	5 à 12
TOTAUX.	40930	23270	17660		

Plan d'une maison garnie, destinée à loger des ouvriers célibataires a Paris,
proposé au Gouvernement par M. George Clark.

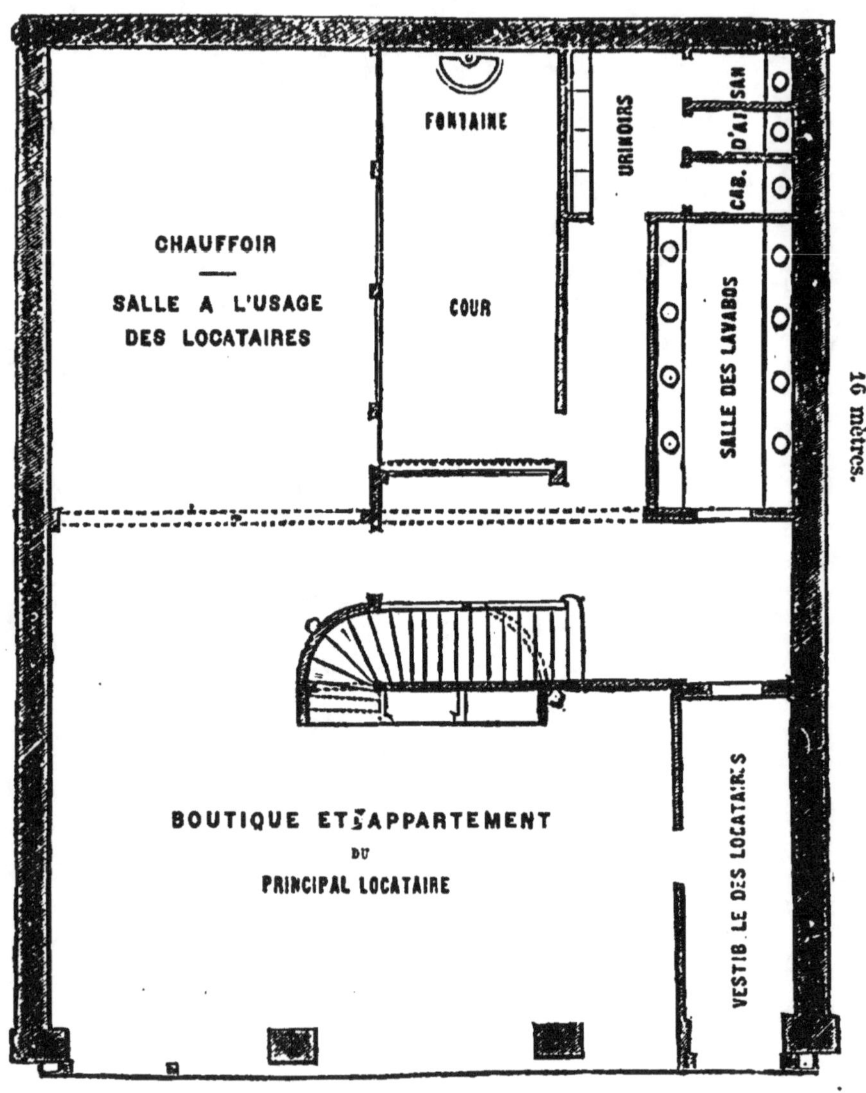

PLAN DU REZ-DE-CHAUSSÉE.

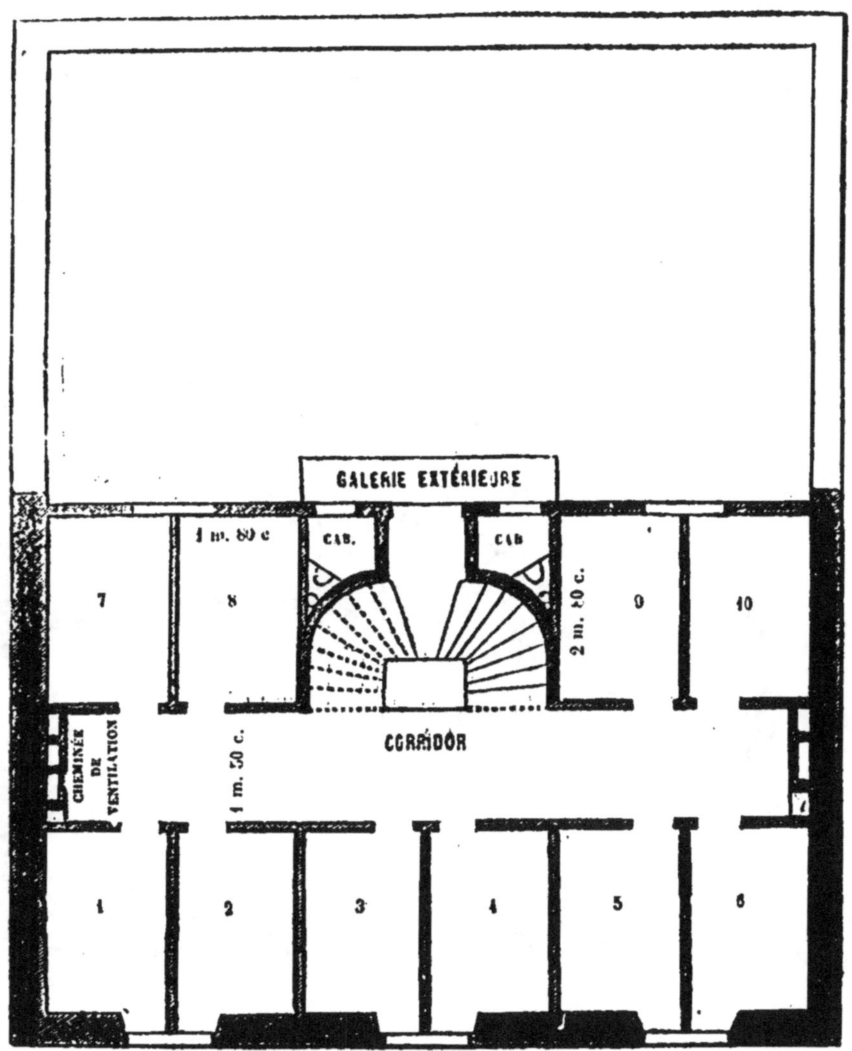

PLAN DES 1ᵉʳ, 2ᵉ, 3ᵉ, 4ᵉ ET 5ᵉ ÉTAGES DU PLAN N° 1, COMPOSÉ CHACUN DE DIX CHAMBRES GARNIES POUR CÉLIBATAIRES.

Plan N° 1, modifié par M. HENRY ROBERTS, architecte honoraire de la Société, pour l'améliorer la condition des Classes ouvrières.

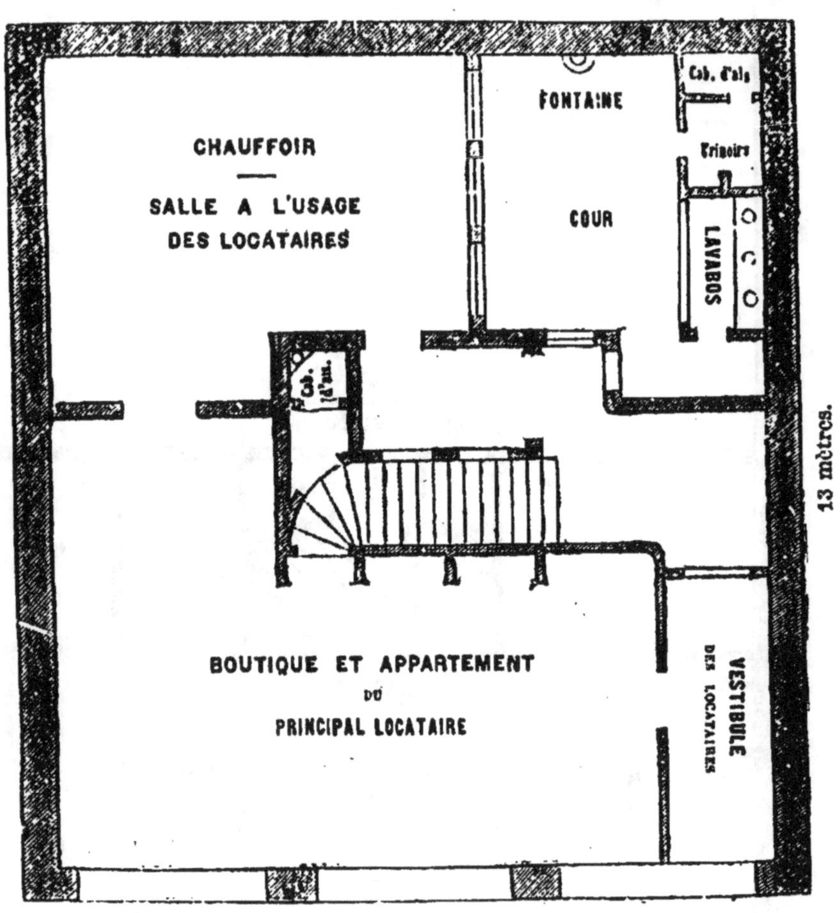

PLAN DU REZ-DE-CHAUSSÉE.

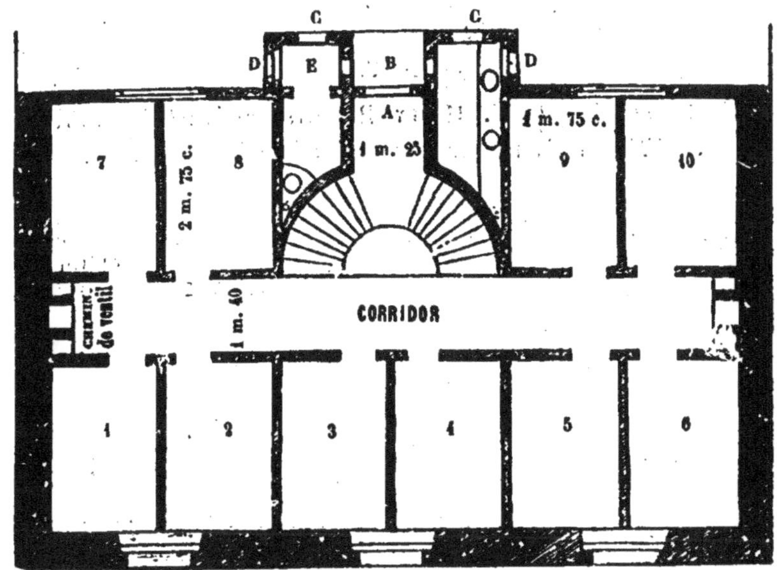

PLAN DU 1ᵉʳ ÉTAGE DU N° 3, COMPOSÉ DE DIX CHAMBRES POUR OUVRIERS CÉLIBATAIRES.

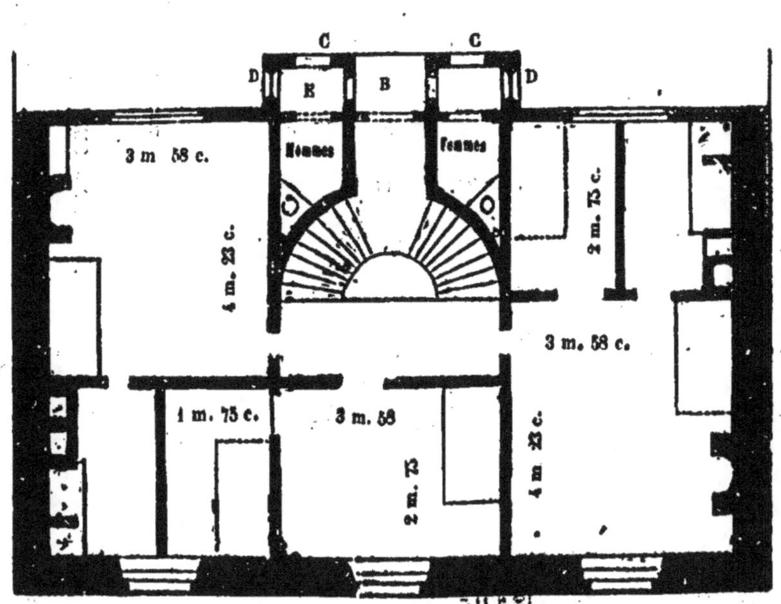

PLAN DU 1ᵉʳ ÉTAGE DU N° 4, TRANSFORMÉ EN TROIS APPARTEMENTS DE FAMILLE.

IMPRIMERIE CENTRALE DES CHEMINS DE FER DE NAPOLÉON CHAIX ET Cⁱᵉ, RUE BERGÈRE 20. — 1842.